企業会計と企業会計制度

1 次の各文の（　）のなかに，もっとも適当な語を記入しなさい。

(1) 財務会計には，各種の利害関係者を納得させる働きである（　ア　）機能と投資家の意思決定に有用な情報を提供する（　イ　）機能がある。

(2) 現代社会において，最も数が多い会社形態は（　ウ　）であり，この繁栄を可能にしている特徴は，（　エ　）の発行による資金調達のしやすさと，株主の（　オ　）にある。

(3) わが国では従来，金融庁所管の（　カ　）において会計基準を設定してきたが，平成13年（2001年）8月に民間組織である（　キ　）が設置され，そこで会計基準の開発が行われるようになった。

ア		イ	
エ		オ	
キ			

2 次の説明文にもっとも適した語を下記の～～～～～～～～～～～～～～さい。

(1) 信頼できる会計情報が提供されるように，企業会計を法律や基準によって制度化したもの

(2) すべての会社に適用され，主に債権者・株主・経営者の利害調整を目的とした法

(3) 国民経済の適切な運営と投資家の保護を目的とした法

(4) 会社法上の当期純利益をもとに課税所得を計算し，法人税額を算定する手続きを定めた法

(5) 企業会計の実務のなかに慣習として発達したもののなかから一般に公正妥当と認められるものを要約したもの

(6) 企業会計をリードする役割を果たす企業会計基準委員会が作成・公表する基準

[語群] ア．金融商品取引法　イ．企業会計原則　ウ．企業会計制度　エ．法人税法
　　　　オ．企業会計基準　カ．会社法

(1)		(2)		(3)		(4)		(5)		(6)	

3 次の各文について，企業会計原則のどの一般原則もしくは注解に該当するかを答えなさい。

(1) 資本取引と損益取引を明瞭に区別し，適正な期間損益計算を求める原則

(2) 企業が採用した会計処理の原則および手続きを毎期継続して適用する原則

(3) 一般原則の要となる基本的な原則

(4) 利用目的により財務諸表の形式は異なっても，その内容は同一とする原則

(5) 検証性・網羅性・秩序性にもとづいて会計帳簿を作成させる原則

(6) 利害関係者が企業の状況を正しく判断できるよう，財務諸表をわかりやすく表示する原則

(7) 収益と資産は控えめに，費用と負債については積極的に計上する原則

(8) 重要性の乏しいものについては簡便な会計処理を認めている原則

(1)		(2)	
(3)		(4)	
(5)		(6)	
(7)		(8)	

4 財務諸表の構成要素を6つ答えなさい。

①		②		③	
④		⑤		⑥	

資産の意味・分類・評価

1　次の各文の（　）のなかに，もっとも適当な語を記入しなさい。

(1)　一定時点における企業の財政状態を明らかにする報告書を（　ア　）という。

(2)　企業の経営活動に役立つ，財貨や債権などの経済的資源を，資産という。これには，貨幣性の性質をもつ（　イ　）や費用に変化する性質を持つ（　ウ　）がある。

(3)　企業の主たる営業活動の循環過程のなかにある資産を（　エ　）資産とする基準を（　オ　）という。また，決算の翌日から１年以内に現金化または費用化する資産を流動資産とし，それ以外の資産を固定資産とする基準を（　カ　）という。

(4)　資産の取得原価を基礎に資産を評価する方法を（　キ　）といい，時価によって資産を評価する方法を（　ク　）という。

ア		イ		ウ	
エ		オ		カ	
キ		ク			

2　次の資産は，下記のどの項目に分類されるか，番号を記入しなさい。

(1)　電子記録債権　(2)　建　　　物　(3)　短期貸付金　(4)　の れ ん　(5)　構　築　物

(6)　貯 蔵 品　(7)　売　掛　金　(8)　関係会社株式　(9)　長期前払費用　(10)　商　　　品

(11)　ソフトウェア　(12)　投資有価証券　(13)　有 価 証 券　(14)　機 械 装 置　(15)　長期貸付金

(16)　鉱 業 権　(17)　仕 掛 品　(18)　前 払 費 用　(19)　前 払 金　(20)　クレジット売掛金

流動資産	当 座 資 産		固定資産	有 形 固 定 資 産	
	棚 卸 資 産			無 形 固 定 資 産	
	その他の流動資産			投資その他の資産	

3　次の各文の（　）のなかに，「過大」または「過小」を記入しなさい。

(1)　期末の資産を過大に評価すれば，費用が（　ア　）に表示され，純利益が（　イ　）に表示される。

(2)　期末の商品を（　ウ　）に評価すると，貸借対照表では資産が過小に表示される。損益計算書では売上原価が（　エ　）に表示され，純利益は過小に表示される。

ア		イ		ウ		エ	

4　取得原価¥400,000の資産について，決算時の時価がそれぞれ次のような場合，原価基準・時価基準による評価額を答えなさい。

時　　　　価	原 価 基 準	時 価 基 準
¥400,000の場合	¥	¥
¥380,000の場合	¥	¥
¥410,000の場合	¥	¥

流動資産(1)　―当座資産―

1 次の取引の仕訳を示しなさい。
(1) 配当金領収証¥14,000と期限の到来した社債の利札¥6,000が未処理であることが判明した。
(2) 電子債権記録機関に発生記録の請求を行い，得意先山形商店に対する売掛金¥300,000を電子記録債権とした。
(3) 電子記録債権¥500,000を取引銀行で割り引くために，電子債権記録機関に譲渡記録の請求を行い，割引料を差し引かれた¥495,000が当社の当座預金口座に振り込まれた。
(4) 秋田商店に商品¥400,000を売り渡し，代金はクレジットカード払いとした。なお，クレジット会社への手数料は，販売代金の4％である。

	借　　方	貸　　方
(1)		
(2)		
(3)		
(4)		

2 3月31日（決算日）の当座預金出納帳残高は¥4,832,000であり，銀行の当座勘定残高証明書の金額は¥5,490,000であった。この不一致の原因を調査したところ，次のことが判明した。よって，当座預金出納帳の次月繰越高と当社で必要な仕訳を示しなさい。ただし，仕訳の不要なものは借方欄に「仕訳不要」と記入すること。

不一致の原因
(1) かねて仕入先に振り出してあった小切手¥268,000が銀行で未払いであった。
(2) 現金¥300,000を当座預金に預け入れていたが，銀行では翌日記帳となっていた。
(3) 備品の購入代金として作成した小切手¥250,000が未渡しであった。
(4) ガス料金¥12,000が当座預金口座から引き落とされていたが，未処理であった。
(5) 買掛金の支払いのため作成した小切手¥452,000が未渡しであった。

当座預金出納帳の次月繰越高　¥

	借　　方	貸　　方
(1)		
(2)		
(3)		
(4)		
(5)		

3　次の取引の仕訳を示しなさい。

(1)　売買目的で奈良産業株式会社の額面￥5,000,000の社債を@￥95で買い入れ，この代金は買入手数料￥10,000および端数利息￥20,000とともに小切手を振り出して支払った。

(2)　売買目的で保有している滋賀商事株式会社の社債　額面￥3,000,000（帳簿価額￥2,970,000）について，半年分の利息を現金で受け取った。なお，この社債の利率は年2％である。

(3)　売買目的で保有している和歌山商事株式会社の社債　額面￥30,000,000を額面￥100につき￥99.70で売却し，代金は端数利息￥41,000とともに小切手で受け取った。ただし，この和歌山商事株式会社の社債は，当期に額面￥60,000,000を額面￥100につき￥98.60で買い入れたものであり，同時に買入手数料￥120,000および端数利息￥48,000を支払っている。

	借　　方	貸　　方
(1)		
(2)		
(3)		

4　青森商事株式会社の総勘定元帳勘定残高と決算整理事項によって，報告式の貸借対照表（一部）を完成しなさい。ただし，会計期間は令和○1年4月1日から令和○2年3月31日である。

元帳勘定残高（一部）

現　　　金	￥804,000	当座預金	￥1,200,000	電子記録債権	￥2,700,000
売　掛　金	3,000,000	貸倒引当金	64,000	売買目的有価証券	3,860,000

決算整理事項

a．貸倒見積高　　電子記録債権と売掛金の期末残高に対し，それぞれ2％と見積もり，貸倒引当金を設定する。ただし，売掛金の期末残高のうち東西商店に対する￥500,000は貸倒懸念債権に区分されており財務内容評価法により貸倒見積高を算定する。なお，東西商店からは営業保証金として￥200,000を受け入れており，貸倒見積率を30％とする。

b．有価証券評価高　　売買目的で保有する次の株式について，時価によって評価する。

　　　　　弘前商事株式会社　40株　　時価　1株　￥50,000
　　　　　大間商事株式会社　25株　　時価　1株　￥64,000

貸　借　対　照　表（一部）

青森商事株式会社　　　　　　　　令和○2年3月31日　　　　　　　　　（単位：円）

資　産　の　部

I　流　動　資　産

　1．（　　　　　　　）　　　　　　　　（　　　　　　　）

　2．電子記録債権　（　　　　　　　）

　　　　貸倒引当金　（　　　　　　　）　（　　　　　　　）

　3．売　　掛　　金　（　　　　　　　）

　　　　貸倒引当金　（　　　　　　　）　（　　　　　　　）

　4．（　　　　　　　）　　　　　　　　（　　　　　　　）

流動資産(2)　—棚卸資産・その他の流動資産—

1　　A品に関する次の資料によって，先入先出法・移動平均法・総平均法により商品有高帳に記入し，締め切りなさい。また，各方法による売上高・売上原価・売上総利益を求めなさい。なお，商品有高帳は開始記入も示すこと。

資　　料

7月1日	前月繰越	100個	@¥2,200	¥　220,000
5日	仕　入　れ	300 〃	〃〃2,600	〃　780,000
16日	売り上げ	300 〃	〃〃4,000	〃1,200,000
21日	仕　入　れ	200 〃	〃〃2,800	〃　560,000
30日	売り上げ	200 〃	〃〃4,000	〃　800,000

商　品　有　高　帳

（先入先出法）　　　　　　　　　　　A　　品　　　　　　　　　　　　単位：個

令和○年	摘　要	受　入			払　出			残　高		
		数量	単価	金　額	数量	単価	金　額	数量	単価	金　額

売　上　高　¥	売上原価　¥	売上総利益　¥

商　品　有　高　帳

（移動平均法）　　　　　　　　　　　A　　品　　　　　　　　　　　　単位：個

令和○年	摘　要	受　入			払　出			残　高		
		数量	単価	金　額	数量	単価	金　額	数量	単価	金　額

売　上　高　¥	売上原価　¥	売上総利益　¥

商品有高帳

（総平均法）　　　　　　　　　　　　　　　　A　　品　　　　　　　　　　　　　　　　単位：個

令和○年	摘　要	受　入			払　出			残　高		
		数量	単価	金　額	数量	単価	金　額	数量	単価	金　額

売 上 高 ¥	売上原価 ¥	売上総利益 ¥

2　茨城商事株式会社の商品に関する次の総勘定元帳勘定残高と決算整理事項によって，決算整理仕訳と決算振替仕訳を示し，各勘定に転記し締め切りなさい（損益勘定は除く）。また，損益計算書（一部）と貸借対照表（一部）を完成しなさい。なお，会計期間は令和○1年4月1日から令和○2年3月31日である。

元帳勘定残高（一部）

繰 越 商 品 ¥ 450,000　　売　　　　　上 ¥ 9,766,000　　仕　　　　　入 ¥ 7,750,000

決算整理事項

a．期末商品棚卸高　　帳簿棚卸数量　800個　　原　　　　価　@¥ 600

実地棚卸数量　750個　　正味売却価額　@¥ 520

ただし，棚卸減耗損のうち20個は売上原価の内訳項目とし，残りは営業外費用とする。また，商品評価損は売上原価の内訳項目とする。

	借　　　　方	貸　　　　方
整理仕訳		
振替仕訳		

繰　越　商　品		売　　　上	
4/1 前期繰越 450,000		234,000	10,000,000

仕　　　入		棚 卸 減 耗 損
	7,750,000	

商 品 評 価 損

損　　　益	

損 益 計 算 書

茨城商事株式会社　　　　令和○1年4月1日から令和○2年3月31日まで　　　　（単位：円）

Ⅰ　売　上　高　　　　　　　　　　　　　　　　　　　　　　（　　　　　　　　　）
Ⅱ　売　上　原　価
　　1．期首商品棚卸高　　　　　（　　　　　　　　　）
　　2．当期商品仕入高　　　　　（　　　　　　　　　）
　　　　　合　　　計　　　　　　（　　　　　　　　　）
　　3．（　　　　　　　）　　　（　　　　　　　　　）
　　　　　　　　　　　　　　　　（　　　　　　　　　）
　　4．棚 卸 減 耗 損　　　　　（　　　　　　　　　）
　　5．（　　　　　　　）　　　（　　　　　　　　　）　　　　（　　　　　　　　　）
　　　　　売 上 総 利 益　　　　　　　　　　　　　　　　　　（　　　　　　　　　）

〜〜〜〜〜〜〜〜〜〜〜〜〜〜〜〜〜〜〜〜〜〜〜〜〜〜〜〜〜〜〜〜〜〜〜〜〜

Ⅴ　営 業 外 費 用
　　1．棚 卸 減 耗 損　　　　　（　　　　　　　　　）

貸 借 対 照 表

茨城商事株式会社　　　　令和○2年3月31日　　　　　　　　　　（単位：円）
資　産　の　部

Ⅰ　流　動　資　産
　　　　︙
　　1．商　　　　品　　　　　　　　　（　　　　　　　　）
　　　　︙

③　次の資料から，売価還元法によって期末商品棚卸高（原価）を求めなさい。
資　　料

		売　価	原　価
ⅰ	期首商品棚卸高	¥ 2,840,000	¥ 2,272,000
ⅱ	当期商品仕入高	25,560,000	18,176,000
ⅲ	期末商品棚卸高	2,550,000	

期末商品棚卸高（原価）¥

4　宮城商事株式会社の下記の総勘定元帳勘定残高と付記事項および決算整理事項によって，次の各問いに答えなさい。ただし，会計期間は令和○1年4月1日から令和○2年3月31日までとする。

(1)　報告式の貸借対照表（一部）を完成しなさい。

(2)　報告式の損益計算書（一部）を完成しなさい。

(3)　損益計算書に記載する次の金額を求めなさい。

　　　　ア．貸倒引当金繰入　イ．保　　険　　料　ウ．通　　信　　費

　　　　エ．受　取　利　息　オ．有価証券評価損益

元帳勘定残高（一部）

現　　　　　金	¥ 750,000	当　座　預　金	¥ 1,155,000	受　取　手　形	¥ 1,500,000
電子記録債権	1,300,000	売　　掛　　金	1,400,000	貸　倒　引　当　金	30,000
売買目的有価証券	2,800,000	繰　越　商　品	2,520,000	貸　　付　　金	1,600,000
手形貸付金	280,000	仮　　払　　金	100,000	売　　　　　上	10,600,000
受　取　利　息	50,000	仕　　　　　入	8,500,000	保　　険　　料	391,000
通　　信　　費	26,000				

付　記　事　項

①　貸付金のうち，決算日の翌日から1年以内に返済期限の到来するものが¥600,000ある。

②　仮払金¥100,000は商品を注文したさいに，内金として支払ったものである。

決算整理事項

a．期末商品棚卸高　　　帳簿棚卸数量　640個　　原　　　　　価　@¥4,500

　　　　　　　　　　　　実地棚卸数量　600〃　　正味売却価額　〃〃4,400

　　　　　　　　　　　　ただし，棚卸減耗損と商品評価損は売上原価の内訳項目とする。

b．貸倒見積高　　　　　売上債権の期末残高に対し，それぞれ1％と見積もり，貸倒引当金を設定する。ただし，売掛金の期末残高のうち南東商店に対する¥200,000は貸倒懸念債権に区分されており，財務内容評価法によって貸倒見積高を算定する。なお，南東商店からは営業保証金として¥100,000を受け入れており，貸倒見積率を50％とする。

c．有価証券評価高　　　売買目的で保有する次の株式について，時価によって評価する。

　　　　　　　　　　　　仙台商事株式会社　20株　　時価　1株　¥60,000

　　　　　　　　　　　　石巻商事株式会社　50株　　時価　1株　¥30,000

d．郵便切手未使用高　　¥5,000

e．保険料前払高　　　　保険料のうち¥288,000は，令和○1年8月1日からの1年分の保険料として支払ったものであり，前払高を次期に繰り延べる。

f．利息未収高　　　　　¥10,000

(1)

貸 借 対 照 表

宮城商事株式会社　　　　　　　令和○2年 3 月31日　　　　　　　　　（単位：円）

資 産 の 部

Ⅰ　流 動 資 産

1．現 金 預 金　　　　　　　　　　　（　　　　　　　　）

2．受 取 手 形　　　（　　　　　　　）

　　（　　　　　　　）（　　　　　　　）（　　　　　　　）

3．電子記録債権　　（　　　　　　　）

　　（　　　　　　　）（　　　　　　　）（　　　　　　　）

4．売 　 掛 　 金　　（　　　　　　　）

　　（　　　　　　　）（　　　　　　　）（　　　　　　　）

5．（　　　　　　　）　　　　　　　　（　　　　　　　）

6．商 　 　 　 品　　　　　　　　　　（　　　　　　　）

7．（　　　　　　　）　　　　　　　　（　　　　　　　）

8．（　　　　　　　）　　　　　　　　（　　　　　　　）

9．（　　　　　　　）　　　　　　　　（　　　　　　　）

10．（　　　　　　　）　　　　　　　　（　　　　　　　）

11．（　　　　　　　）　　　　　　　　（　　　　　　　）

　　　　　流 動 資 産 合 計　　　　　　　　　　　　　　　（　　　　　　　）

(2)

損 益 計 算 書

宮城商事株式会社　　　令和○1年 4 月 1 日から令和○2年 3 月31日まで　　　（単位：円）

Ⅰ　売 　 上 　 高　　　　　　　　　　　　　　　　　　　（　　　　　　　）

Ⅱ　売 　 上 　 原 　 価

1．期首商品棚卸高　　　　　　（　　　　　　　）

2．当期商品仕入高　　　　　　（　　　　　　　）

　　合 　 　 計　　　　　　　（　　　　　　　）

3．（　　　　　　　）　　　　（　　　　　　　）

　　　　　　　　　　　　　　（　　　　　　　）

4．（　　　　　　　）　　　　（　　　　　　　）

5．（　　　　　　　）　　　　（　　　　　　　）　　（　　　　　　　）

　　　　　売 上 総 利 益　　　　　　　　　　　　　　　（　　　　　　　）

(3)

ア	貸倒引当金繰入 ¥	イ	保　険　料 ¥
ウ	通　信　費 ¥	エ	受 取 利 息 ¥
オ	有価証券評価（　　）¥		

※　オの（　）内には「益」か「損」を記入すること。

固定資産(1)　―有形固定資産―

1　次の各文の（　）のなかに，もっとも適当な語を記入しなさい。

(1) 所有している有形固定資産について，その価値を増価させたり，耐用年数を延長させる支出を（　ア　）支出といい，通常の維持・管理および，原状を回復させるための支出を（　イ　）支出という。

(2) 有形固定資産について，使用または時の経過による物質的な消耗や摩耗などによる減価を（　ウ　）減価といい，新しい発明・発見により陳腐化（旧式化）や生産方法の変更などによる不適用化による減価を（　エ　）減価という。これらの減価は，企業を経営していくうえで，当然に発生するので経常的減価という。また，天災・事故などの予測できないことによる減価を（　オ　）減価という。

(3) リース取引は，借手がリース会社から資金を借り入れて，そのリース物件を購入したと考えて，通常の売買取引に準じて処理する（　カ　）・リース取引と通常の賃貸借取引に準じて処理するオペレーティング・リース取引がある。

ア		イ		ウ	
エ		オ		カ	

2　次の支出を資本的支出と収益的支出に分け，それぞれ番号を記入しなさい。

(1) 機械装置の定期的なメンテナンス費用

(2) 土地を購入したさいの仲介手数料

(3) 建物の耐用年数を延長させる支出

(4) 機械装置の据付費

(5) 使用中の建物の破損による修繕費

資本的支出		収益的支出	

3　次の取引の仕訳を示しなさい。

(1) かねて建設を依頼していた機械装置が完成し，引き渡しを受けたので，建設代金￥6,500,000のうち，すでに支払ってある￥3,000,000を差し引いて，残額は小切手を振り出して支払った。なお，この機械装置の試運転費￥70,000は現金で支払った。

(2) 岩手産業株式会社は，建物の改良と修繕を行い，工事代金￥4,200,000は月末に支払うことにした。ただし，代金のうち￥3,500,000は建物の価値を増加させる資本的支出と認められ，残額は通常の維持・管理のための支出とした。

(3) 島根鉱業株式会社は，期首にこれまで使用してきた採掘用機械装置を除却し，廃棄処分した。この機械装置は，￥3,600,000で買い入れたもので，残存価額は零（0）　予定総利用時間数は12,000時間　前期までの実際利用時間数は10,200時間であり，生産高比例法によって減価償却費を計算し，間接法で記帳してきた。なお，廃棄した機械装置の評価額は零（0）である。

(4) 和歌山商事株式会社（決算年1回）は，第6期初頭に備品を￥3,000,000で買い入れ，この代金はこれまで使用してきた備品を￥1,400,000で引き取らせ，新しい備品の代金との差額は翌月末に支払うことにした。ただし，この古い備品は第4期初頭に￥2,400,000で買い入れたもので，定率法により毎期の償却率を0.250として減価償却費を計上し，間接法で記帳してきた。

(5) 奈良商事株式会社（決算年1回）は，第13期初頭に備品を￥540,000で買い入れ，この代金はこれまで使用してきた備品を￥37,000で引き取らせ，新しい備品の代金との差額は小切手を振り出して支払った。ただし，この古い備品は第9期初頭に￥480,000で買い入れたもので，耐用年数6年，残存価額は零（0）とし，定額法によって毎期の減価償却費を計上し，間接法で記帳してきた。

	借　　　方	貸　　　方
(1)		
(2)		
(3)		
(4)		
(5)		

4　次のファイナンス・リース取引について，利子込み法と利子抜き法によって仕訳を示しなさい。なお，利子相当額の期間配分の計算は定額法による。

取　　引

令和○1年4月1日　　リース会社から，次の条件でノートＰＣ10台をリースした。
　　　　　　　　　　　リ ー ス 期 間：4年
　　　　　　　　　　　リ ー ス 料：年額*¥300,000*
　　　　　　　　　　　リース資産の見積現金購入価額：1台あたり*¥100,000*
令和○2年3月31日　　第1回のリース料*¥300,000*を小切手を振り出して支払った。
　　〃日　　　　　　決算にあたり，リース資産について定額法により減価償却を行い，間接法で記帳した。なお，耐用年数はリース期間　残存価額は零（0）である。

【利子込み法】

	借　　　方	貸　　　方
4／1		
3／31		
〃		

【利子抜き法】

	借　　　方	貸　　　方
4／1		
3／31		
〃		

固定資産(2) ─無形固定資産・投資その他の資産─

1 次の取引の仕訳を示しなさい。

(1) 自社で利用する目的でソフトウェア¥3,000,000の制作を外部に依頼していたが，本日，その引き渡しを受けた。なお，この代金はソフトウェアの制作を依頼したときに全額を支払っている。

(2) 宮崎商事株式会社は，次の財政状態にある東西商会を取得し，取得対価は小切手を振り出して支払った。ただし，東西商会の年平均利益額は¥468,000　同種企業の平均利益率を9％として収益還元価値を計算し，取得対価とした。なお，東西商会の資産・負債の帳簿価額は時価に等しかった。

東西商会	貸 借 対 照 表	（単位：円）
売　掛　金　2,400,000	買　掛　金	1,800,000
商　　品　1,200,000	長 期 借 入 金	2,000,000
建　　物　4,500,000	資　本　金	4,300,000
8,100,000		8,100,000

(3) 兵庫鉱業株式会社は¥56,000,000で鉱業権を取得した鉱区から，当期に4,000トンの採掘量があったので，生産高比例法を用いて鉱業権を償却した。ただし，この鉱区の推定埋蔵量は160,000トンであり，鉱業権の残存価額は零（0）である。

	借　　　　方	貸　　　　方
(1)		
(2)		
(3)		

2 次の取引の仕訳を示しなさい。

(1) 子会社である埼玉商事株式会社の株式の時価が著しく下落し，回復する見込みがないので，保有する株式150株（1株の帳簿価額¥48,000）を時価（1株につき¥21,000）によって評価した。

(2) 子会社である南北商事株式会社の財政状態が著しく悪化したので，所有する同社の株式200株（1株の帳簿価額¥71,000）を実質価額によって評価替えした。なお，南北商事株式会社の資産総額は¥27,400,000　負債総額は¥18,900,000で，発行済株式数は250株（市場価格のない株式）である。

(3) 決算にあたり，満期まで保有する目的で当期首に発行と同時に買い入れた次の社債について，償却原価法により評価した。

社債額面　¥8,000,000　　取得価額　¥100につき¥98.20　　償還期限　6年

(4) 決算にあたり，その他有価証券として保有する次の株式を時価によって評価した。

富山商事株式会社　1,500株（帳簿価額1株につき¥750　時価1株につき¥810）

	借　　　　方	貸　　　　方
(1)		
(2)		
(3)		
(4)		

3　　岐阜商事株式会社の総勘定元帳勘定残高と決算整理事項によって，報告式の貸借対照表（一部）を完成しなさい。ただし，会計期間は令和○1年4月1日から令和○2年3月31日までとする。

元帳勘定残高（一部）

備　　　　品	¥ 2,880,000	備品減価償却累計額	¥ 720,000	リ ー ス 資 産	¥ 1,500,000
リース資産減価償却累計額	300,000	土　　　　地	20,000,000	建 設 仮 勘 定	5,000,000
鉱 業 権	18,000,000	満期保有目的債券	1,944,000	その他有価証券	5,400,000
子 会 社 株 式	12,960,000	保　険　料	1,060,000		

決算整理事項

a．減 価 償 却 高　　　備　　　　品：定率法による。毎期の償却率を0.250とする。
　　　　　　　　　　　　リース資産：定額法による。残存価額は零（0）耐用年数は5年とする。

b．鉱業権償却高　　　鉱業権は当期首に¥18,000,000で取得したものであり，生産高比例法によって償却する。なお，この鉱区における推定埋蔵量は20,000トン　当期採掘量は600トンであり，残存価額は零（0）とする。

c．有価証券評価高　　　保有する有価証券は次のとおりである。
　　　　　　　　　　　　満期保有目的債券：償却原価法により¥1,952,000に評価する。なお，満期日は令和○8年3月31日である。
　　　　　　　　　　　　その他有価証券：三重商事株式会社　5,000株　時価　1株　¥1,100
　　　　　　　　　　　　子 会 社 株 式：支配目的で保有する株式180株（帳簿価額1株¥72,000）について，時価が著しく下落し，回復が見込めないため，時価（1株¥34,000）によって評価する。

d．保険料前払高　　　保険料のうち¥864,000は，令和○1年12月1日から3年分の保険料として支払ったものであり，前払高を次期以降に繰り延べる。

貸 借 対 照 表

岐阜商事株式会社　　　　　　　　令和○2年3月31日　　　　　　　　（単位：円）

資 産 の 部

⋮

Ⅱ　固 定 資 産

(1)　有 形 固 定 資 産

　1．備　　　　品　　　（　　　　　　　）
　　　（　　　　　　　）（　　　　　　　）（　　　　　　　）
　2．リ ー ス 資 産　　（　　　　　　　）
　　　（　　　　　　　）（　　　　　　　）（　　　　　　　）
　3．土　　　　地　　　　　　　　　　　　（　　　　　　　）
　4．（　　　　　　　）　　　　　　　　　（　　　　　　　）
　　　　　有形固定資産合計　　　　　　　（　　　　　　　）

(2)　無 形 固 定 資 産

　1．鉱　業　権　　　　　　　　　　　　　（　　　　　　　）
　　　　　無形固定資産合計　　　　　　　（　　　　　　　）

(3)　投資その他の資産

　1．（　　　　　　　）　　　　　　　　　（　　　　　　　）
　2．（　　　　　　　）　　　　　　　　　（　　　　　　　）
　3．（　　　　　　　）　　　　　　　　　（　　　　　　　）
　　　　　投資その他の資産合計　　　　　（　　　　　　　）
　　　　　固定資産合計　　　　　　　　　　　　　　　　　　（　　　　　　　）

4　大分商事株式会社の総勘定元帳勘定残高と付記事項および決算整理事項によって，報告式の貸借対照表（資産の部）を完成しなさい。ただし，会計期間は令和○1年4月1日から令和○2年3月31日までとする。

元帳勘定残高（一部）

現　　　　　金	￥662,000	当 座 預 金	￥2,414,000	電子記録債権	￥2,000,000
売　　掛　　金	3,900,000	貸倒引当金	64,000	売買目的有価証券	3,020,000
繰 越 商 品	6,642,000	手形貸付金	280,000	建　　　　　物	5,130,000
建物減価償却累計額	684,000	備　　　　品	2,880,000	備品減価償却累計額	720,000
土　　　　　地	12,000,000	建 設 仮 勘 定	9,000,000	ソフトウェア	1,000,000
その他有価証券	5,400,000	長 期 貸 付 金	1,700,000	受 取 利 息	30,000
租 税 公 課	123,000	保　険　料	765,000		

付 記 事 項

①　長期貸付金のうち￥500,000は，決算日の翌日から1年以内に返済期限が到来する。

決算整理事項

a．期末商品棚卸高　　帳簿棚卸数量　2,600個　　原　　　　価　@￥2,500
　　　　　　　　　　実地棚卸数量　2,550〃　　正味売却価額　〃〃3,400

b．貸 倒 見 積 高　　電子記録債権と売掛金の期末残高に対し，それぞれ2％と見積もり，貸倒引当金を設定する。

c．有価証券評価高　　保有する株式は次のとおりである。
　　　　　　　　　　売買目的有価証券：北東物産株式会社　1,000株　　時価　1株　￥3,000
　　　　　　　　　　その他有価証券：別府産業株式会社　5,000株　　時価　1株　￥1,100

d．減 価 償 却 高　　建物：定額法による。残存価額は零（0）　耐用年数は30年とする。
　　　　　　　　　　備品：定率法による。毎期の償却率を0.250とする。

e．ソフトウェア償却高　ソフトウェアは前期首に取得したものであり，取得後，5年間にわたり毎期均等額を償却している。

f．収入印紙未使用高　￥60,000

g．保険料前払高　　　保険料のうち￥612,000は，令和○2年1月1日からの3年分の保険料として支払ったものであり，前払高を次期以降に繰り延べる。

h．利 息 未 収 高　￥4,000

貸 借 対 照 表

大分商事株式会社　　　　令和◯2年 3 月31日　　　　（単位：円）

資 産 の 部

Ⅰ　流 動 資 産
　1．現 金 預 金　　　　　　　　　　（　　　　　　）
　2．電 子 記 録 債 権　（　　　　　　）
　　　（　　　　　　）（　　　　　　）（　　　　　　）
　3．売　　掛　　金　（　　　　　　）
　　　（　　　　　　）（　　　　　　）（　　　　　　）
　4．（　　　　　　）　　　　　　　　（　　　　　　）
　5．商　　　　　品　　　　　　　　　（　　　　　　）
　6．（　　　　　　）　　　　　　　　（　　　　　　）
　7．（　　　　　　）　　　　　　　　（　　　　　　）
　8．（　　　　　　）　　　　　　　　（　　　　　　）
　9．（　　　　　　）　　　　　　　　（　　　　　　）
　　　　　　流 動 資 産 合 計　　　　　　　　　　（　　　　　　　　）

Ⅱ　固 定 資 産
　(1)　有 形 固 定 資 産
　　1．建　　　　　物　（　　　　　　）
　　　　（　　　　　　）（　　　　　　）（　　　　　　）
　　2．備　　　　　品　（　　　　　　）
　　　　（　　　　　　）（　　　　　　）（　　　　　　）
　　3．土　　　　　地　　　　　　　　（　　　　　　）
　　4．（　　　　　　）　　　　　　　（　　　　　　）
　　　　　　有 形 固 定 資 産 合 計　（　　　　　　）
　(2)　無 形 固 定 資 産
　　1．（　　　　　　）　　　　　　　（　　　　　　）
　　　　　　無 形 固 定 資 産 合 計　（　　　　　　）
　(3)　投資その他の資産
　　1．（　　　　　　）　　　　　　　（　　　　　　）
　　2．（　　　　　　）　　　　　　　（　　　　　　）
　　3．（　　　　　　）　　　　　　　（　　　　　　）
　　　　　　投資その他の資産合計　　（　　　　　　）
　　　　　　固 定 資 産 合 計　　　　　　　　　　（　　　　　　　　）
　　　　　　資 産 合 計　　　　　　　　　　　　　（　　　　　　　　）

負　債

1　次の各文の（　）のなかに，もっとも適当な語を記入しなさい。

(1)　企業が債権者に対して現金などの経済的資源を引き渡すなどの義務を負債といい，（　ア　）負債と（　イ　）負債に分類される。

(2)　企業の主たる営業活動の循環過程のなかにある負債を（　ウ　）負債とする基準を（　エ　）という。また，決算の翌日から1年以内に支払う義務のある負債を流動負債とし，それ以外の負債を固定負債とする基準を（　オ　）という。

(3)　引当金には，貸倒引当金のように，資産に対する（　カ　）としての性格をもつ評価性引当金と役員賞与引当金のように，（　キ　）の性質をもつ負債性引当金がある。

ア		イ		ウ	
エ		オ		カ	
キ					

2　次の取引の仕訳を示しなさい。

(1)　青森商店から商品代金として受け取っていた同店振り出しの約束手形¥750,000を取引銀行で割り引き，割引料を差し引かれた手取金¥747,000は当座預金とした。なお，保証債務は手形額面金額の2％と評価した。

(2)　かねて，商品代金として石川商店に裏書譲渡していた福井商店振り出しの約束手形¥500,000が期日に決済されたとの通知をうけた。なお，この手形を裏書譲渡したさいに¥5,000の保証債務を計上している。

(3)　かねて，商品代金として鳥取商店に裏書譲渡していた南北商店振り出しの約束手形が期日に不渡りとなり，鳥取商店から償還請求を受けた。よって，手形金額¥600,000および償還請求の諸費用¥3,000をともに小切手を振り出して支払い，同時に南北商店に支払請求を行った。なお，この手形を裏書譲渡したさいに手形額面金額の1％を保証債務として計上している。

(4)　従業員の東京太郎が退職したので，退職一時金¥8,000,000を定期預金から支払った。ただし，退職給付引当金勘定の残高が¥40,000,000ある。

(5)　保証人になっていた東西商店の借入金¥2,000,000が支払期日に返済されなかったとして，債権者から請求を受け，本日，利息¥12,000とともに小切手を振り出して支払った。なお，この保証に対し対照勘定による備忘記録を行っている。

	借　　　　方	貸　　　　方
(1)		
(2)		
(3)		
(4)		
(5)		

3　宮崎商事株式会社の総勘定元帳勘定残高と付記事項および決算整理事項によって，報告式の貸借対照表（負債の部）を完成しなさい。ただし，会計期間は令和○1年4月1日から令和○2年3月31日までとする。

元帳勘定残高（一部）

当　座　預　金 ¥ 120,000　　仮払法人税等 ¥ 740,000　　支　払　手　形 ¥ 1,376,000
　　　　　　　　（貸方残高）

電子記録債務　1,658,000　　買　　掛　　金　2,869,000　　手形借入金　　200,000

長　期　借　入　金　3,000,000　　リ　ー　ス　債　務　2,480,000　　退職給付引当金　1,269,000

受　取　家　賃　1,496,000　　支　払　利　息　　15,000

付　記　事　項

①　リース債務は，当期首に契約したファイナンス・リース取引（リース期間5年　リース料年額 ¥ 620,000　毎年3月末払い）に係るものであり，利子込み法により処理している。また，1年以内に支払期限の到来するものは流動負債に表示する。

決算整理事項

a．当座預金の貸方残高 ¥ 120,000 を当座借越勘定に振り替えた。

b．利　息　未　払　高　　長期借入金に対する利息は，年利率2.6%で，5月末と11月末に経過した6か月分を支払う契約になっており，未払高を計上する。

c．家　賃　前　受　高　　¥　136,000

d．役員賞与引当金繰入高　¥　400,000

e．退職給付引当金繰入高　¥　558,000

f．法人税，住民税及び事業税額　¥ 1,550,000

貸 借 対 照 表

宮崎商事株式会社　　　　　　　　　令和○2年3月31日　　　　　　　　　　　（単位：円）

負　債　の　部

I　流　動　負　債

1. 支　払　手　形	(1,376,000)	
2. 電 子 記 録 債 務	(1,658,000)	
3. 買　　掛　　金	(2,869,000)	
4. (当 座 借 越)	(120,000)	
5. (短 期 借 入 金)	(200,000)	
6. (リ ー ス 債 務)	(620,000)	
7. (未 払 費 用)	(26,000)	
8. (未 払 法 人 税 等)	(810,000)	
9. (役員賞与引当金)	(400,000)	
流動負債合計		(8,079,000)

II　固　定　負　債

1. 長　期　借　入　金	(3,000,000)	
2. リ　ー　ス　債　務	(1,860,000)	
3. 退職給付引当金	(1,827,000)	
固定負債合計		(6,687,000)
負　債　合　計		(14,766,000)

純資産

1　次の各文の（　　）のなかに，もっとも適当な語を記入しなさい。

(1)　資産から負債を差し引いた差額を（　ア　）といい，（　イ　）と評価・換算差額等，新株予約権に分類される。

(2)　（　イ　）のうち，株主が出資した部分，すなわち会社にとって元手となる部分を（　ウ　）といい，元手を運用して獲得した成果のうち，分配されずに会社に留保された利益の部分を（　エ　）という。

(3)　株式を発行した場合，会社法の規定によると，払込金額の（　オ　）までの額は，資本金に計上しないことができる。

(4)　株式会社が繰越利益剰余金から配当をする場合は，配当額の（　カ　）に相当する額を利益準備金に計上しなければならない。ただし，資本準備金と利益準備金の合計額が資本金の（　キ　）に達すればその必要はない。

ア		イ		ウ	
エ		オ		カ	
キ					

2　次の取引の仕訳を示しなさい。

(1)　青森物産株式会社は，事業規模拡大のため，株式200株を1株につき¥80,000で発行し，全額の引き受け・払い込みを受け，払込金は当座預金とした。ただし，払込金額のうち，資本金に計上しない金額は，会社法に規定する最高限度額とした。なお，株式の発行に要した諸費用¥960,000は小切手を振り出して支払った。

(2)　秋田商事株式会社は，株主総会の決議により，資本金¥20,000,000を減少して，その他資本剰余金を同額増加させたうえで繰越利益剰余金勘定の借方残高¥20,000,000をてん補した。

(3)　九州商事株式会社は，下記の財政状態にある長崎物産株式会社を吸収合併することになり，新株式100株（1株の時価¥60,000）を長崎物産株式会社の株主に交付した。この合併契約により，九州商事株式会社において増加する資本金の額は¥5,000,000　その他資本剰余金の額は¥1,000,000とした。なお，長崎物産株式会社の資産と負債の時価は帳簿価額と等しいものとする。

長崎物産㈱		貸　借　対　照　表		（単位：円）
現　金　預　金	1,500,000	買　　掛　　金		7,500,000
売　　掛　　金	6,000,000	資　　本　　金		4,000,000
備　　　　　品	5,000,000	利　益　準　備　金		1,000,000
	12,500,000			12,500,000

(4)　静岡商事株式会社は，株主総会の特別決議により，資本金¥3,300,000を減少し，これにより剰余金¥3,000,000の配当を行うことにした。なお，配当にともない，配当額の10分の1を準備金に計上する。

	借　　　　方	貸　　　　方
(1)		
(2)		

(3)		
(4)		

3　近畿商事株式会社は，東南商事株式会社を合併し，時価総額 ¥12,000,000 の新株式を東南商事株式会社の株主に交付した。よって，(1)合併のための仕訳を示し，(2)合併後の近畿商事株式会社の貸借対照表を完成しなさい。なお，この合併によって，近畿商事株式会社において増加する資本金の額は ¥10,000,000　資本準備金の額は ¥2,000,000 とする。また，東南商事株式会社の資産と負債の時価は，帳簿価額に等しいものとする。

近畿商事㈱	貸 借 対 照 表		(単位：円)
現金預金	4,210,000	買 掛 金	18,900,000
売 掛 金	10,330,000	借 入 金	5,000,000
商　　品	8,400,000	資 本 金	40,000,000
建　　物	35,000,000	利益準備金	6,100,000
備　　品	12,060,000		
	70,000,000		70,000,000

東南商事㈱	貸 借 対 照 表		(単位：円)
現金預金	1,050,000	買 掛 金	5,200,000
売 掛 金	5,250,000	資 本 金	10,000,000
商　　品	3,400,000	利益準備金	1,000,000
備　　品	6,500,000		
	16,200,000		16,200,000

(1)

借　　　　　方	貸　　　　　方

(2)

近畿商事㈱	貸 借 対 照 表		(単位：円)
現 金 預 金 (　　　　　)	買　　掛　　金 (　　　　　)
売　　掛　　金 (　　　　　)	借　　入　　金 (　　　　　)
商　　　　品 (　　　　　)	資　　本　　金 (　　　　　)
建　　　　物 (　　　　　)	(　　　　　) (　　　　　)
備　　　　品 (　　　　　)	利 益 準 備 金 (　　　　　)
(　　　　　) (　　　　　)	
(　　　　　)	(　　　　　)

4　次の取引の仕訳を示しなさい。

(1)　山形産業株式会社は，決算の結果，当期純利益¥3,060,000を計上した。

(2)　宮城商事株式会社は，株主総会において，繰越利益剰余金を次のとおり配当および処分することを決議した。なお，当社の純資産は，資本金は¥20,000,000　資本準備金は¥3,600,000　利益準備金は¥1,200,000　繰越利益剰余金は¥5,300,000である。

　　　　配　当　金　¥4,000,000　　利益準備金　会社法に規定する額　　別途積立金　¥310,000

(3)　福島建設株式会社に建築を依頼していた店舗が完成し，引き渡しを受けたので，建築代金¥65,000,000のうち，すでに支払ってある¥60,000,000を差し引いて，残額は小切手を振り出して支払った。なお，新築積立金¥65,000,000を取り崩した。

(4)　株主総会において，繰越利益剰余金の借方残高¥930,000をてん補するため，別途積立金¥930,000を取り崩すことを決議した。

(5)　茨城産業株式会社は，株主総会において，配当平均積立金¥3,000,000を取り崩して配当を行うことを決議した。なお，配当にともない，繰越利益剰余金から利益準備金¥300,000を計上した。

(6)　栃木商事株式会社は，株主総会において，剰余金¥7,000,000（その他資本剰余金¥2,000,000　繰越利益剰余金¥5,000,000）の配当を行うことを決議した。なお，配当にともない資本準備金¥200,000　利益準備金¥500,000を計上する。

	借　　　　方	貸　　　　方
(1)		
(2)		
(3)		
(4)		
(5)		
(6)		

5　次の取引の仕訳を示しなさい。

(1)　神奈川商事株式会社は，自社の発行済株式のうち200株を1株につき¥40,000で取得し，代金は買入手数料¥120,000とともに小切手を振り出して支払った。

(2)　山梨商事株式会社は，保有する自己株式（1株の帳簿価額¥50,000）のうち，40株を1株につき¥60,000で売却し，受け取った代金は当座預金とした。

(3)　静岡商事株式会社は，保有する自己株式（1株の帳簿価額¥60,000）50株を消却した。

	借　　　　　方	貸　　　　　方
(1)		
(2)		
(3)		

6　次の連続する取引の仕訳を示しなさい。

(1)　長野商事株式会社は，次の条件で新株予約権を発行し，受け取った払込金は当座預金とした。

　　　発　行　条　件
　　　　　発　行　総　数　　10個（新株予約権1個につき4株を付与）
　　　　　払　込　金　額　　新株予約権1個につき¥50,000
　　　　　権利行使価額　　　1株につき¥90,000
　　　　　権利行使期間　　　令和○1年7月1日から令和○2年6月30日

(2)　新株予約権のうち6個の権利行使があったので，新株24株を発行し，権利行使価額の払い込みを受け，払込金は当座預金とした。ただし，会社法に規定する最高限度額を資本金に計上しないことにした。

(3)　新株予約権のうち3個の権利行使があったので，自己株式12株（1株の帳簿価額¥85,000）を交付し，権利行使価額の払い込みを受け，払込金は当座預金とした。

(4)　新株予約権の残り1個については，権利行使期限までに権利行使がされなかった。

	借　　　　　方	貸　　　　　方
(1)		
(2)		
(3)		
(4)		

7　岩手商事株式会社の総勘定元帳勘定残高と付記事項および決算整理事項によって，報告式の貸借対照表（純資産の部）を完成しなさい。ただし，会計期間は令和○1年4月1日から令和○2年3月31日までとする。

元帳勘定残高（一部）

その他有価証券	¥ 1,250,000	資　本　金	¥30,000,000	資 本 準 備 金	¥ 3,000,000
その他資本剰余金	1,150,000	利 益 準 備 金	2,835,000	別 途 積 立 金	1,600,000
繰越利益剰余金	570,000	自 己 株 式	△ 6,500,000	新 株 予 約 権	800,000

付 記 事 項

①　次の条件で発行している新株予約権のうち5個の権利行使があり，自己株式25株（1株の帳簿価額¥130,000）を交付していたが，未処理であった。

> 発 行 条 件　発 行 総 数　　10個（新株予約権1個につき5株を付与）
> 　　　　　　　払 込 金 額　　新株予約権1個につき¥80,000
> 　　　　　　　権利行使価額　　1株につき¥100,000

決算整理事項

a．その他有価証券評価高　　その他有価証券の時価は¥1,500,000である。

貸 借 対 照 表

岩手商事株式会社　　　　　　　　令和○2年3月31日　　　　　　　　　（単位：円）

⋮

負 債 合 計	11,250,000

純 資 産 の 部

I　株 主 資 本
(1) 資　本　金 　　　　　　　　　　　　　　　　　　　（　　　　　　　）
(2) 資 本 剰 余 金
　1．資 本 準 備 金　　　　　　　　　（　　　　　　　）
　2．その他資本剰余金　　　　　　　　（　　　　　　　）
　　　資本剰余金合計　　　　　　　　　　　　　　　　（　　　　　　　）
(3) 利 益 剰 余 金
　1．利 益 準 備 金　　　　　　　　　（　　　　　　　）
　2．その他利益剰余金
　　① 別 途 積 立 金　　　　　　　　（　　　　　　　）
　　② 繰越利益剰余金　　　　　　　　（　　　　　　　）
　　　利益剰余金合計　　　　　　　　　　　　　　　　（　　　　　　　）
(4) 自 己 株 式　　　　　　　　　　　　　　　　　　（　　　　　　　）
　　　株 主 資 本 合 計　　　　　　　　　　　　　　（　　　　　　　）
II　評価・換算差額等
　1．その他有価証券評価差額金　　　　　　　　　　　（　　　　　　　）
III　新 株 予 約 権　　　　　　　　　　　　　　　　（　　　　　　　）
　　　純 資 産 合 計　　　　　　　　　　　　　　　（　　　　　　　）
　　　負債及び純資産合計　　　　　　　　　　　　　　50,000,000

貸借対照表の作成

　山形商事株式会社（決算年1回）の令和○2年3月31日における，総勘定元帳勘定残高と付記事項および決算整理事項によって，報告式の貸借対照表を完成しなさい。

元帳勘定残高

現　　　　　金	¥ 2,409,000	当 座 預 金	¥ 3,519,000	電子記録債権	¥ 2,400,000
売　掛　金	3,800,000	貸倒引当金	51,000	売買目的有価証券	1,120,000
繰 越 商 品	2,850,000	仮払法人税等	150,000	備　　　品	2,000,000
備品減価償却累計額	500,000	リ ー ス 資 産	500,000	ソフトウェア	540,000
その他有価証券	1,500,000	電子記録債務	1,200,000	買　掛　金	2,280,000
リ ー ス 債 務	400,000	退職給付引当金	1,080,000	資　本　金	10,000,000
資 本 準 備 金	500,000	利 益 準 備 金	600,000	別 途 積 立 金	300,000
繰越利益剰余金	130,000	新株予約権	1,000,000	売　　　上	15,677,000
受 取 配 当 金	30,000	固定資産売却益	270,000	仕　　　入	8,709,000
給　　　料	1,420,000	広　告　料	740,000	支 払 家 賃	1,540,000
保　険　料	384,000	雑　　　費	80,000	支 払 利 息	5,000
固定資産除却損	352,000				

付 記 事 項

① 　リース債務は，当期首に契約したファイナンス・リース取引（リース期間5年　リース料年額¥105,000　毎年3月末払い　見積現金購入価額¥500,000）に係るものであり，利子抜き法により処理している。また，1年以内に支払期限が到来するものは流動負債として表示する。

決算整理事項

a．期末商品棚卸高　　帳簿棚卸数量　1,200個　　原　　　価　@¥1,900
　　　　　　　　　　　実地棚卸数量　1,190〃　　正味売却価額　〃〃2,800

b．貸倒見積高　　　　電子記録債権と売掛金の期末残高に対し，それぞれ2％と見積もり，貸倒引当金を設定する。

c．有価証券評価高　　保有する株式は次のとおりである。
　　　　　　　　　　　売買目的有価証券：秋田商事株式会社　40株　　時価　1株　¥25,000
　　　　　　　　　　　その他有価証券：岩手産業株式会社　50株　　時価　1株　¥34,000

d．減 価 償 却 高　　備　　品：定率法による。毎期の償却率を0.250とする。
　　　　　　　　　　　リース資産：定額法による。耐用年数を5年，残存価額を零（0）とする。

e．ソフトウェア償却高　¥180,000

f．退職給付引当金繰入高　¥110,000

g．保険料前払高　　　　保険料のうち¥288,000は，令和○1年12月1日から2年分の保険料として支払ったものであり，前払高を次期以降に繰り延べる。

h．家 賃 未 払 高　　¥140,000

i．法人税, 住民税及び事業税額　¥390,000

貸 借 対 照 表

山形商事株式会社　　　　　　　　　令和○2年3月31日　　　　　　　　　　　（単位：円）

資 産 の 部

Ⅰ　流 動 資 産
　1．現 金 預 金　　　　　　　　　　　　　　（　　　　　　　）
　2．電 子 記 録 債 権　（　　　　　　　）
　　　（　　　　　　　）　（　　　　　　　）　（　　　　　　　）
　3．売　　掛　　金　（　　　　　　　）
　　　（　　　　　　　）　（　　　　　　　）　（　　　　　　　）
　4．（　　　　　　　）　　　　　　　　　　　（　　　　　　　）
　5．商　　　　品　　　　　　　　　　　　　　（　　　　　　　）
　6．（　　　　　　　）　　　　　　　　　　　（　　　　　　　）
　　　　　流 動 資 産 合 計　　　　　　　　　　　　　　　　（　　　　　　　）

Ⅱ　固 定 資 産
　(1)　有形固定資産
　　　1.備　　　品　（　　　　　　　）
　　　　　（　　　　　　）（　　　　　　）（　　　　　　）
　　　2.リ ー ス 資 産　（　　　　　　）
　　　　　（　　　　　　）（　　　　　　）（　　　　　　）
　　　　　　有形固定資産合計　　　　　（　　　　　　）
　(2)　無形固定資産
　　　1.（　　　　　　）　　　　　　（　　　　　　）
　　　　　　無形固定資産合計　　　　　（　　　　　　）
　(3)　投資その他の資産
　　　1.（　　　　　　）　　　　　　（　　　　　　）
　　　2.（　　　　　　）　　　　　　（　　　　　　）
　　　　　投資その他の資産合計　　　　（　　　　　　）
　　　　　　固 定 資 産 合 計　　　　　　　　　　（　　　　　　）
　　　　　　資 産 合 計　　　　　　　　　　　　（　　　　　　）

負 債 の 部

Ⅰ　流 動 負 債
　　　1.電 子 記 録 債 務　　　　（　　　　　　）
　　　2.買　　掛　　金　　　　　（　　　　　　）
　　　3.（　　　　　　）　　　　（　　　　　　）
　　　4.（　　　　　　）　　　　（　　　　　　）
　　　5.（　　　　　　）　　　　（　　　　　　）
　　　　　　流 動 負 債 合 計　　　　　　　　（　　　　　　）
Ⅱ　固 定 負 債
　　　1.リ ー ス 債 務　　　　　（　　　　　　）
　　　2.退職給付引当金　　　　　（　　　　　　）
　　　　　　固 定 負 債 合 計　　　　　　　　（　　　　　　）
　　　　　　負 債 合 計　　　　　　　　　　　（　　　　　　）

純 資 産 の 部

Ⅰ　株 主 資 本
　(1)　資　　本　　金　　　　　　　　　　（　　　　　　）
　(2)　資 本 剰 余 金
　　　1.資 本 準 備 金　　　　　（　　　　　　）
　　　　　　資本剰余金合計　　　　　　　　　（　　　　　　）
　(3)　利 益 剰 余 金
　　　1.利 益 準 備 金　　　　　（　　　　　　）
　　　2.別 途 積 立 金　　　　　（　　　　　　）
　　　3.繰越利益剰余金　　　　　（　　　　　　）
　　　　　　利 益 剰 余 金 合 計　　　　　　　（　　　　　　）
　　　　　　株 主 資 本 合 計　　　　　　　　（　　　　　　）
Ⅱ　評価・換算差額等
　　　1.その他有価証券評価差額金　　　　（　　　　　　）
Ⅲ　新 株 予 約 権　　　　　　　　　　　（　　　　　　）
　　　　　　純 資 産 合 計　　　　　　　　　（　　　　　　）
　　　　　　負債及び純資産合計　　　　　　　（　　　　　　）

長期休暇演習ノート財務会計Ⅰ
［解 答 編］

実教出版

企業会計と企業会計制度（p.1）

1

ア	利 害 調 整	イ	情 報 提 供	ウ	株 式 会 社
エ	株 式	オ	有 限 責 任	カ	企業会計審議会
キ	企業会計基準委員会 （ASBJ）				

2

(1)	ウ	(2)	カ	(3)	ア	(4)	エ	(5)	イ	(6)	オ

3

(1)	資本取引・損益取引区分の原則	(2)	継 続 性 の 原 則
(3)	真 実 性 の 原 則	(4)	単 一 性 の 原 則
(5)	正 規 の 簿 記 の 原 則	(6)	明 瞭 性 の 原 則
(7)	保 守 主 義 の 原 則 （安全性の原則）	(8)	重 要 性 の 原 則

4

①	資 産	②	負 債	③	純 資 産
④	株 主 資 本	⑤	収 益	⑥	費 用

①～⑥順不同
包括利益.
純利益も可

資産の意味・分類・評価（p.2）

1

ア	貸借対照表	イ	貨幣性資産	ウ	費用性資産
エ	流 動	オ	営業循環基準 （正常営業循環基準）	カ	1 年 基 準
キ	原 価 基 準	ク	時 価 基 準		

2

流動資産	当 座 資 産	(1)	(7)	(13)	(20)
	棚 卸 資 産	(6)	(10)	(17)	
	その他の流動資産	(3)	(18)	(19)	

固定資産	有 形 固 定 資 産	(2)	(5)	(14)	
	無 形 固 定 資 産	(4)	(11)	(16)	
	投資その他の資産	(8)	(9)	(12)	(15)

3

ア	過 小	イ	過 大	ウ	過 小	エ	過 大

4

時 価	原 価 基 準	時 価 基 準
¥400,000の場合	¥ 400,000	¥ 400,000
¥380,000の場合	¥ 400,000	¥ 380,000
¥410,000の場合	¥ 400,000	¥ 410,000

流動資産(1)　—当座資産—（p.3～4）

1

	借 方		貸 方	
(1)	現 金	20,000	受 取 配 当 金	14,000
			有 価 証 券 利 息	6,000
(2)	電 子 記 録 債 権	300,000	売 掛 金	300,000
(3)	当 座 預 金	495,000	電 子 記 録 債 権	500,000
	電子記録債権売却損	5,000		
(4)	クレジット売掛金	384,000	売 上	400,000
	支 払 手 数 料	16,000		

2

当座預金出納帳の次月繰越高	¥ 5,522,000

	借 方		貸 方	
(1)	仕 訳 不 要			
(2)	仕 訳 不 要			
(3)	当 座 預 金	250,000	未 払 金	250,000
(4)	水 道 光 熱 費	12,000	当 座 預 金	12,000
(5)	当 座 預 金	452,000	買 掛 金	452,000

3

	借 方		貸 方	
(1)	売買目的有価証券	4,760,000	当 座 預 金	4,780,000
	有 価 証 券 利 息	20,000		
(2)	現 金	30,000	有 価 証 券 利 息	30,000
(3)	現 金	29,951,000	売買目的有価証券	29,640,000
			有 価 証 券 売 却 益	270,000
			有 価 証 券 利 息	41,000

4

貸　借　対　照　表（一部）

青森商事株式会社　　　令和○2年3月31日　　　　（単位：円）
資　産　の　部

Ⅰ　流　動　資　産
  1.（現　金　預　金）　　　　　　　　（　2,004,000）
  2.　電子記録債権　（　2,700,000）
  　　　　貸倒引当金（　　54,000）（　2,646,000）
  3.　売　　掛　　金（　3,000,000）
  　　　　貸倒引当金（　140,000）（　2,860,000）
  4.（有　価　証　券）　　　　　　　　（　3,600,000）

流動資産⑵　―棚卸資産・その他の流動資産―（p.3～9）

1

商　品　有　高　帳

（先入先出法）　　　　　　　　　　　　　A　品　　　　　　　　　　　　　単位：個

令和○年		摘　要	受　入			払　出			残　高		
			数量	単価	金　額	数量	単価	金　額	数量	単価	金　額
7	1	前月繰越	100	2,200	220,000				100	2,200	220,000
	5	仕　入　れ	300	2,600	780,000				100	2,200	220,000
									300	2,600	780,000
	16	売り上げ				100	2,200	220,000			
						200	2,600	520,000	100	2,600	260,000
	21	仕　入　れ	200	2,800	560,000				100	2,600	260,000
									200	2,800	560,000
	30	売り上げ				100	2,600	260,000			
						100	2,800	280,000	100	2,800	280,000
	31	次月繰越				100	2,800	280,000			
			600		1,560,000	600		1,560,000			
8	1	前月繰越	100	2,800	280,000				100	2,800	280,000

売　上　高　¥	2,000,000	売上原価　¥	1,280,000	売上総利益　¥	720,000

商　品　有　高　帳

（移動平均法）　　　　　　　　　　　　　A　品　　　　　　　　　　　　　単位：個

令和○年		摘　要	受　入			払　出			残　高		
			数量	単価	金　額	数量	単価	金　額	数量	単価	金　額
7	1	前月繰越	100	2,200	220,000				100	2,200	220,000
	5	仕　入　れ	300	2,600	780,000				400	2,500	1,000,000
	16	売り上げ				300	2,500	750,000	100	2,500	250,000
	21	仕　入　れ	200	2,800	560,000				300	2,700	810,000
	30	売り上げ				200	2,700	540,000	100	2,700	270,000
	31	次月繰越				100	2,700	270,000			
			600		1,560,000	600		1,560,000			
8	1	前月繰越	100	2,700	270,000				100	2,700	270,000

売　上　高　¥	2,000,000	売上原価　¥	1,290,000	売上総利益　¥	710,000

商　品　有　高　帳

（総平均法）　　　　　　　　　　　　　A　品　　　　　　　　　　　　　単位：個

令和○年		摘　要	受　入			払　出			残　高		
			数量	単価	金　額	数量	単価	金　額	数量	単価	金　額
7	1	前月繰越	100	2,200	220,000				100	2,200	220,000
	5	仕　入　れ	300	2,600	780,000				400		
	16	売り上げ				300	2,600	780,000	100		
	21	仕　入　れ	200	2,800	560,000				300		
	30	売り上げ				200	2,600	520,000	100	2,600	260,000
	31	次月繰越				100	2,600	260,000			
			600		1,560,000	600		1,560,000			
8	1	前月繰越	100	2,600	260,000				100	2,600	260,000

売　上　高　¥	2,000,000	売上原価　¥	1,300,000	売上総利益　¥	700,000

2

	借 方		貸 方	
整理仕訳	仕　入	450,000	繰越商品	450,000
	繰越商品	480,000	仕　入	480,000
	棚卸減耗損	30,000	繰越商品	30,000
	商品評価損	60,000	繰越商品	60,000
	仕　入	12,000	棚卸減耗損	12,000
	仕　入	60,000	商品評価損	60,000
振替仕訳	売　上	9,766,000	損　益	9,766,000
	損　益	7,810,000	仕　入	7,792,000
			棚卸減耗損	18,000

繰 越 商 品

4/1 前期繰越	450,000	3/31 仕　入	450,000
3/31 仕　入	480,000	〃 棚卸減耗損	30,000
		〃 商品評価損	60,000
		〃 次期繰越	390,000
	930,000		930,000

売 上

	234,000		10,000,000
3/31 損　益	9,766,000		
	10,000,000		10,000,000

仕 入

	7,750,000	3/31 繰越商品	480,000
3/31 繰越商品	450,000	〃 損　益	7,792,000
〃 棚卸減耗損	12,000		
〃 商品評価損	60,000		
	8,272,000		8,272,000

棚 卸 減 耗 損

3/31 繰越商品	30,000	3/31 仕　入	12,000
		〃 損　益	18,000
	30,000		30,000

商 品 評 価 損

3/31 繰越商品	60,000	3/31 仕　入	60,000

損 益

3/31 仕　入	7,792,000	3/31 売　上	9,766,000
〃 棚卸減耗損	18,000		

損 益 計 算 書

茨城商事株式会社　令和○1年4月1日から令和○2年3月31日まで　　（単位：円）

I 売 上 高　　　　　　　　　　　　　　　　（　9,766,000）
II 売 上 原 価
　　1. 期首商品棚卸高　　　　（　　450,000）
　　2. 当期商品仕入高　　　　（　7,750,000）
　　　　合　　計　　　　　　　（　8,200,000）
　　3.（期末商品棚卸高）　　　（　　480,000）
　　　　　　　　　　　　　　　（　7,720,000）
　　4. 棚卸減耗損　　　　　　（　　12,000）
　　5.（商品評価損）　　　　　（　　60,000）（　7,792,000）
　　　　売 上 総 利 益　　　　　　　　　　（　1,974,000）

V 営 業 外 費 用
　　1. 棚卸減耗損　　　　　　（　　18,000）

貸 借 対 照 表

茨城商事株式会社　　　令和○2年3月31日　　　（単位：円）

資 産 の 部

I 流 動 資 産
　　　：
　　1. 商　　品　　　　　　　　（　390,000）
　　　：

3

期末商品棚卸高（原価）　¥ 1,836,000

4

(1)　　　　　　**貸 借 対 照 表**

宮城商事株式会社　　　令和○2年3月31日　　　（単位：円）

資 産 の 部

I 流 動 資 産
　　1. 現 金 預 金　　　　　　　　　　　　（　1,905,000）
　　2. 受 取 手 形　　（　1,500,000）
　　　（貸倒引当金）　（　　15,000）（　1,485,000）
　　3. 電子記録債権　（　1,300,000）
　　　（貸倒引当金）　（　　13,000）（　1,287,000）
　　4. 売 掛 金　　　（　1,400,000）
　　　（貸倒引当金）　（　　62,000）（　1,338,000）
　　5.（有 価 証 券）　　　　　　　　　　（　2,700,000）
　　6. 商　　品　　　　　　　　　　　　　（　2,640,000）
　　7.（貯 蔵 品）　　　　　　　　　　　（　　5,000）
　　8.（短 期 貸 付 金）　　　　　　　　　（　880,000）
　　9.（前 払 金）　　　　　　　　　　　（　100,000）
　　10.（前 払 費 用）　　　　　　　　　　（　96,000）
　　11.（未 収 収 益）　　　　　　　　　　（　10,000）
　　　　流動資産合計　　　　　　　　　　（　12,446,000）

(2)　　　　　　**損 益 計 算 書**

宮城商事株式会社　令和○1年4月1日から令和○2年3月31日まで　（単位：円）

I 売 上 高　　　　　　　　　　　　　　　（　10,600,000）
II 売 上 原 価
　　1. 期首商品棚卸高　　　　（　2,520,000）
　　2. 当期商品仕入高　　　　（　8,500,000）
　　　　合　　計　　　　　　　（　11,020,000）
　　3.（期末商品棚卸高）　　　（　2,880,000）
　　　　　　　　　　　　　　　（　8,140,000）
　　4.（棚卸減耗損）　　　　　（　180,000）
　　5.（商品評価損）　　　　　（　60,000）（　8,380,000）
　　　　売 上 総 利 益　　　　　　　　　　（　2,220,000）

(3)

ア	貸倒引当金繰入 ¥ 60,000	イ	保 険 料 ¥ 295,000
ウ	通 信 費 ¥ 21,000	エ	受 取 利 息 ¥ 60,000
オ	有価証券評価（損） ¥ 100,000		

固定資産(1) ―有形固定資産― (p.10〜11)

1

ア	資本的	イ	収益的	ウ	物質的
エ	機能的	オ	偶発的	カ	ファイナンス

2

資本的支出	(2) (3) (4)	収益的支出	(1) (5)

3

	借 方		貸 方	
(1)	機械装置	6,570,000	建設仮勘定	3,000,000
			当座預金	3,500,000
			現金	70,000
(2)	建物	3,500,000	未払金	4,200,000
	修繕費	700,000		
(3)	機械装置減価償却累計額	3,060,000	機械装置	3,600,000
	固定資産除却損	540,000		
(4)	備品減価償却累計額	1,050,000	備品	2,400,000
	備品	3,000,000	未払金	1,600,000
			固定資産売却益	50,000
(5)	備品減価償却累計額	320,000	備品	480,000
	備品	540,000	当座預金	503,000
	固定資産売却損	123,000		

4

【利子込み法】

	借 方		貸 方	
4/1	リース資産	1,200,000	リース債務	1,200,000
3/31	リース債務	300,000	当座預金	300,000
〃	減価償却費	300,000	リース資産減価償却累計額	300,000

【利子抜き法】

	借 方		貸 方	
4/1	リース資産	1,000,000	リース債務	1,000,000
3/31	リース債務	250,000	当座預金	300,000
	支払利息	50,000		
〃	減価償却費	250,000	リース資産減価償却累計額	250,000

固定資産(2) ―無形固定資産・投資その他の資産― (p.12〜15)

1

	借 方		貸 方	
(1)	ソフトウェア	3,000,000	ソフトウェア仮勘定	3,000,000
(2)	売掛金	2,400,000	買掛金	1,800,000
	繰越商品	1,200,000	長期借入金	2,000,000
	建物	4,500,000	当座預金	5,200,000
	のれん	900,000		
(3)	鉱業権償却	1,400,000	鉱業権	1,400,000

2

	借 方		貸 方	
(1)	子会社株式評価損	4,050,000	子会社株式	4,050,000
(2)	子会社株式評価損	7,400,000	子会社株式	7,400,000
(3)	満期保有目的債券	24,000	有価証券利息	24,000
(4)	その他有価証券	90,000	その他有価証券評価差額金	90,000

3

貸 借 対 照 表

岐阜商事株式会社　　令和○2年3月31日　　　（単位：円）

資 産 の 部

⋮

Ⅱ 固 定 資 産
(1) 有形固定資産
　　1．備　　品（ 2,880,000 ）
　　　（減価償却累計額）（ 1,260,000 ）（ 1,620,000 ）
　　2．リ ー ス 資 産（ 1,500,000 ）
　　　（減価償却累計額）（ 600,000 ）（ 900,000 ）
　　3．土　　地（ 20,000,000 ）
　　4．(建設仮勘定)（ 5,000,000 ）
　　　有形固定資産合計（ 27,520,000 ）
(2) 無形固定資産
　　1．鉱 業 権（ 17,460,000 ）
　　　無形固定資産合計（ 17,460,000 ）
(3) 投資その他の資産
　　1．(投資有価証券)（ 7,452,000 ）
　　2．(関係会社株式)（ 6,120,000 ）
　　3．(長期前払費用)（ 480,000 ）
　　　投資その他の資産合計（ 14,052,000 ）
　　　固定資産合計（ 59,032,000 ）

4

貸借対照表
大分商事株式会社　　令和○2年3月31日　　　　（単位：円）

資産の部

I　流動資産
1. 現金預金　　　　　　　　　　　　　（ 3,076,000）
2. 電子記録債権　（ 2,000,000）
　　（貸倒引当金）（ 40,000）（ 1,960,000）
3. 売掛金　　　　（ 3,900,000）
　　（貸倒引当金）（ 78,000）（ 3,822,000）
4. （有価証券）　　　　　　　　　　　（ 3,000,000）
5. 商品　　　　　　　　　　　　　　　（ 6,375,000）
6. （貯蔵品）　　　　　　　　　　　　（ 60,000）
7. （短期貸付金）　　　　　　　　　　（ 780,000）
8. （前払費用）　　　　　　　　　　　（ 204,000）
9. （未収収益）　　　　　　　　　　　（ 4,000）
　　　流動資産合計　　　　　　　　　　　　　（ 19,281,000）

II　固定資産

(1) 有形固定資産
1. 建物　　　　　（ 5,130,000）
　　（減価償却累計額）（ 855,000）（ 4,275,000）
2. 備品　　　　　（ 2,880,000）
　　（減価償却累計額）（ 1,260,000）（ 1,620,000）
3. 土地　　　　　　　　　　　　　　（ 12,000,000）
4. （建設仮勘定）　　　　　　　　　　（ 9,000,000）
　　　有形固定資産合計　　　　　　　　　（ 26,895,000）

(2) 無形固定資産
1. （ソフトウェア）　　　　　　　　　（ 750,000）
　　　無形固定資産合計　　　　　　　　　（ 750,000）

(3) 投資その他の資産
1. （投資有価証券）　　　　　　　　　（ 5,500,000）
2. （長期貸付金）　　　　　　　　　　（ 1,200,000）
3. （長期前払費用）　　　　　　　　　（ 357,000）
　　　投資その他の資産合計　　　　　（ 7,057,000）
　　　固定資産合計　　　　　　　　　　　　（ 34,702,000）
　　　資産合計　　　　　　　　　　　　　　（ 53,983,000）

負　債 （p.16～17）

1

ア	流　　　　動	イ	固　　　　定	ウ	流　　　　動
エ	営業循環基準 （正常営業循環基準）	オ	1 年 基 準	カ	評 価 勘 定
キ	負　　　　債	ア・イは順不同			

2

	借　　　方		貸　　　方	
(1)	当 座 預 金	747,000	受 取 手 形	750,000
	手 形 売 却 損	3,000		
	保 証 債 務 費 用	15,000	保 証 債 務	15,000
(2)	保 証 債 務	5,000	保証債務取崩益	5,000
(3)	不 渡 手 形	603,000	当 座 預 金	603,000
	保 証 債 務	6,000	保証債務取崩益	6,000
(4)	退職給付引当金	8,000,000	定 期 預 金	8,000,000
(5)	未 収 入 金	2,012,000	当 座 預 金	2,012,000
	保 証 債 務	2,000,000	保証債務見返	2,000,000

3

貸借対照表
宮崎商事株式会社　　令和○2年3月31日　　　（単位：円）
⋮

負債の部

I　流動負債
1. 支払手形　　　　　　　　　　　（ 1,376,000）
2. 電子記録債務　　　　　　　　　（ 1,658,000）
3. 買掛金　　　　　　　　　　　　（ 2,869,000）
4. （短期借入金）　　　　　　　　（ 320,000）
5. （リース債務）　　　　　　　　（ 620,000）
6. （未払費用）　　　　　　　　　（ 26,000）
7. （未払法人税等）　　　　　　　（ 810,000）
8. （前受収益）　　　　　　　　　（ 136,000）
9. （役員賞与引当金）　　　　　　（ 400,000）
　　　流動負債合計　　　　　　　　　　（ 8,215,000）

II　固定負債
1. 長期借入金　　　　　　　　　　（ 3,000,000）
2. リース債務　　　　　　　　　　（ 1,860,000）
3. 退職給付引当金　　　　　　　　（ 1,827,000）
　　　固定負債合計　　　　　　　　　　（ 6,687,000）
　　　負債合計　　　　　　　　　　　　（ 14,902,000）

純資産 （p.18～22）

1

ア	純 資 産	イ	株 主 資 本	ウ	払 込 資 本
エ	留 保 利 益	オ	2 分 の 1	カ	10 分 の 1
キ	4 分 の 1				

2

	借　方		貸　方	
(1)	当 座 預 金	16,000,000	資　本　金	8,000,000
			資 本 準 備 金	8,000,000
	株 式 交 付 費	960,000	当 座 預 金	960,000
(2)	資　本　金	20,000,000	その他資本剰余金	20,000,000
	その他資本剰余金	20,000,000	繰越利益剰余金	20,000,000
(3)	現 金 預 金	1,500,000	買　掛　金	7,500,000
	売　掛　金	6,000,000	資　本　金	5,000,000
	備　　　品	5,000,000	その他資本剰余金	1,000,000
	の　れ　ん	1,000,000		
(4)	資　本　金	3,300,000	その他資本剰余金	3,300,000
	その他資本剰余金	3,300,000	未 払 配 当 金	3,000,000
			資 本 準 備 金	300,000

3

(1)

借　方		貸　方	
現 金 預 金	1,050,000	買　掛　金	5,200,000
売　掛　金	5,250,000	資　本　金	10,000,000
繰 越 商 品	3,400,000	資 本 準 備 金	2,000,000
備　　　品	6,500,000		
の　れ　ん	1,000,000		

(2)

近畿商事㈱　　　　　貸 借 対 照 表　　　　（単位：円）

現 金 預 金	(5,260,000)	買　掛　金	(24,100,000)
売　掛　金	(15,580,000)	借　入　金	(5,000,000)
商　　　品	(11,800,000)	資　本　金	(50,000,000)
建　　　物	(35,000,000)	(資本準備金)	(2,000,000)
備　　　品	(18,560,000)	利 益 準 備 金	(6,100,000)
(の　れ　ん)	(1,000,000)		
	(87,200,000)		(87,200,000)

4

	借　方		貸　方	
(1)	損　　　益	3,060,000	繰越利益剰余金	3,060,000
(2)	繰越利益剰余金	4,510,000	未 払 配 当 金	4,000,000
			利 益 準 備 金	200,000
			別 途 積 立 金	310,000
(3)	建　　　物	65,000,000	建 設 仮 勘 定	60,000,000
			当 座 預 金	5,000,000
	新 築 積 立 金	65,000,000	繰越利益剰余金	65,000,000
(4)	別 途 積 立 金	930,000	繰越利益剰余金	930,000
(5)	配当平均積立金	3,000,000	繰越利益剰余金	3,000,000
	繰越利益剰余金	3,300,000	未 払 配 当 金	3,000,000
			利 益 準 備 金	300,000
(6)	その他資本剰余金	2,200,000	未 払 配 当 金	7,000,000
	繰越利益剰余金	5,500,000	資 本 準 備 金	200,000
			利 益 準 備 金	500,000

5

	借　方		貸　方	
(1)	自 己 株 式	8,000,000	当 座 預 金	8,120,000
	支 払 手 数 料	120,000		
(2)	当 座 預 金	2,400,000	自 己 株 式	2,000,000
			その他資本剰余金	400,000
(3)	その他資本剰余金	3,000,000	自 己 株 式	3,000,000

6

	借　方		貸　方	
(1)	当 座 預 金	500,000	新 株 予 約 権	500,000
(2)	当 座 預 金	2,160,000	資　本　金	1,230,000
	新 株 予 約 権	300,000	資 本 準 備 金	1,230,000
(3)	当 座 預 金	1,080,000	自 己 株 式	1,020,000
	新 株 予 約 権	150,000	その他資本剰余金	210,000
(4)	新 株 予 約 権	50,000	新株予約権戻入益	50,000

貸 借 対 照 表

岩手商事株式会社　　令和○2年 3 月31日　　　（単位：円）

⋮

負 債 合 計		11,250,000

純 資 産 の 部

I 株 主 資 本
(1) 資 本 金 　（ 30,000,000 ）
(2) 資本剰余金
　1. 資本準備金 （ 3,000,000 ）
　2. その他資本剰余金 （ 800,000 ）
　　資本剰余金合計 　（ 3,800,000 ）
(3) 利 益 剰 余 金
　1. 利益準備金 （ 2,835,000 ）
　2. その他利益剰余金
　　① 別 途 積 立 金 （ 1,600,000 ）
　　② 繰越利益剰余金 （ 3,115,000 ）
　　利益剰余金合計 　（ 7,550,000 ）
(4) 自 己 株 式 　（△3,250,000 ）
　　株主資本合計 　（ 38,100,000 ）
II 評価・換算差額等
　1. その他有価証券評価差額金 　（ 250,000 ）
III 新 株 予 約 権 　（ 400,000 ）
　　純 資 産 合 計 　（ 38,750,000 ）
　　負債及び純資産合計 　50,000,000

貸借対照表の作成（p.23〜24）

貸 借 対 照 表

山形商事株式会社　　令和○2年 3 月31日　　　（単位：円）

資 産 の 部

I 流 動 資 産
　1. 現 金 預 金 　（ 5,928,000 ）
　2. 電子記録債権 （ 2,400,000 ）
　　（貸倒引当金） （ 48,000 ）（ 2,352,000 ）
　3. 売 掛 金 （ 3,800,000 ）
　　（貸倒引当金） （ 76,000 ）（ 3,724,000 ）
　4.（有 価 証 券） 　（ 1,000,000 ）
　5. 商 品 　（ 2,261,000 ）
　6.（前 払 費 用） 　（ 144,000 ）
　　流動資産合計 　（ 15,409,000 ）
II 固 定 資 産
(1) 有形固定資産
　1. 備 品 （ 2,000,000 ）
　　（減価償却累計額） （ 875,000 ）（ 1,125,000 ）
　2. リ ー ス 資 産 （ 500,000 ）
　　（減価償却累計額） （ 100,000 ）（ 400,000 ）
　　有形固定資産合計 　（ 1,525,000 ）
(2) 無形固定資産
　1.（ソフトウェア） 　（ 360,000 ）
　　無形固定資産合計 　（ 360,000 ）
(3) 投資その他の資産
　1.（投資有価証券） 　（ 1,700,000 ）
　2.（長期前払費用） 　（ 96,000 ）
　　投資その他の資産合計 　（ 1,796,000 ）
　　固定資産合計 　（ 3,681,000 ）
　　資 産 合 計 　（ 19,090,000 ）

負 債 の 部

I 流 動 負 債
　1. 電子記録債務 　（ 1,200,000 ）
　2. 買 掛 金 　（ 2,280,000 ）
　3.（リ ー ス 債 務） 　（ 100,000 ）
　4.（未 払 費 用） 　（ 140,000 ）
　5.（未払法人税等） 　（ 240,000 ）
　　流動負債合計 　（ 3,960,000 ）
II 固 定 負 債
　1. リ ー ス 債 務 　（ 300,000 ）
　2. 退職給付引当金 　（ 1,190,000 ）
　　固定負債合計 　（ 1,490,000 ）
　　負 債 合 計 　（ 5,450,000 ）

純 資 産 の 部

I 株 主 資 本
(1) 資 本 金 　（ 10,000,000 ）
(2) 資本剰余金
　1. 資本準備金 　（ 500,000 ）
　　資本剰余金合計 　（ 500,000 ）
(3) 利 益 剰 余 金
　1. 利 益 準 備 金 　（ 600,000 ）
　2. 別 途 積 立 金 　（ 300,000 ）
　3. 繰越利益剰余金 　（ 1,040,000 ）
　　利益剰余金合計 　（ 1,940,000 ）
　　株主資本合計 　（ 12,440,000 ）
II 評価・換算差額等
　1. その他有価証券評価差額金 　（ 200,000 ）
III 新 株 予 約 権 　（ 1,000,000 ）
　　純 資 産 合 計 　（ 13,640,000 ）
　　負債及び純資産合計 　（ 19,090,000 ）